2023-2027

5 Years Monthly Planner

Contact Information

Name :
Business :
Phone :
Email :
Website :

Name :
Business :
Phone :
Email :
Website :

Name :
Business :
Phone :
Email :
Website :

Name :
Business :
Phone :
Email :
Website :

Name :
Business :
Phone :
Email :
Website :

Name :
Business :
Phone :
Email :
Website :

Contact *Information*

Name :

Business :

Phone :

Email :

Website :

Name :

Business :

Phone :

Email :

Website :

Name :

Business :

Phone :

Email :

Website :

Name :

Business :

Phone :

Email :

Website :

Name :

Business :

Phone :

Email :

Website :

Name :

Business :

Phone :

Email :

Website :

Name :

Business :

Phone :

Email :

Website :

Name :

Business :

Phone :

Email :

Website :

Contact Information

Name :	Name :
Business :	Business :
Phone :	Phone :
Email :	Email :
Website :	Website :
Name :	Name :
Business :	Business :
Phone :	Phone :
Email :	Email :
Website :	Website :
Name :	Name :
Business :	Business :
Phone :	Phone :
Email :	Email :
Website :	Website :
Name :	Name :
Business :	Business :
Phone :	Phone :
Email :	Email :
Website :	Website :

Password

Website :

Username :

Password :

Email :

Note :

Website :

Username :

Password :

Email :

Note :

Website :

Username :

Password :

Email :

Note :

Website :

Username :

Password :

Email :

Note :

Website :

Username :

Password :

Email :

Note :

Website :

Username :

Password :

Email :

Note :

Website :

Username :

Password :

Email :

Note :

Website :

Username :

Password :

Email :

Note :

Password

<table>
<tr><td>

Website :

Username :

Password :

Email :

Note :

</td><td>

Website :

Username :

Password :

Email :

Note :

</td></tr>
<tr><td>

Website :

Username :

Password :

Email :

Note :

</td><td>

Website :

Username :

Password :

Email :

Note :

</td></tr>
<tr><td>

Website :

Username :

Password :

Email :

Note :

</td><td>

Website :

Username :

Password :

Email :

Note :

</td></tr>
<tr><td>

Website :

Username :

Password :

Email :

Note :

</td><td>

Website :

Username :

Password :

Email :

Note :

</td></tr>
</table>

Password

Website :

Username :

Password :

Email :

Note :

Website :

Username :

Password :

Email :

Note :

Website :

Username :

Password :

Email :

Note :

Website :

Username :

Password :

Email :

Note :

Website :

Username :

Password :

Email :

Note :

Website :

Username :

Password :

Email :

Note :

Website :

Username :

Password :

Email :

Note :

Website :

Username :

Password :

Email :

Note :

2023 Calendar

January

S	M	T	W	T	F	S
1	2	3	4	5	6	7
8	9	10	11	12	13	14
15	16	17	18	19	20	21
22	23	24	25	26	27	28
29	30	31				

February

S	M	T	W	T	F	S
			1	2	3	4
5	6	7	8	9	10	11
12	13	14	15	16	17	18
19	20	21	22	23	24	25
26	27	28				

March

S	M	T	W	T	F	S
			1	2	3	4
5	6	7	8	9	10	11
12	13	14	15	16	17	18
19	20	21	22	23	24	25
26	27	28	29	30	31	

April

S	M	T	W	T	F	S
						1
2	3	4	5	6	7	8
9	10	11	12	13	14	15
16	17	18	19	20	21	22
23	24	25	26	27	28	29
30						

May

S	M	T	W	T	F	S
	1	2	3	4	5	6
7	8	9	10	11	12	13
14	15	16	17	18	19	20
21	22	23	24	25	26	27
28	29	30	31			

June

S	M	T	W	T	F	S
				1	2	3
4	5	6	7	8	9	10
11	12	13	14	15	16	17
18	19	20	21	22	23	24
25	26	27	28	29	30	

July

S	M	T	W	T	F	S
						1
2	3	4	5	6	7	8
9	10	11	12	13	14	15
16	17	18	19	20	21	22
23	24	25	26	27	28	29
30	31					

August

S	M	T	W	T	F	S
		1	2	3	4	5
6	7	8	9	10	11	12
13	14	15	16	17	18	19
20	21	22	23	24	25	26
27	28	29	30	31		

September

S	M	T	W	T	F	S
					1	2
3	4	5	6	7	8	9
10	11	12	13	14	15	16
17	18	19	20	21	22	23
24	25	26	27	28	29	30

October

S	M	T	W	T	F	S
1	2	3	4	5	6	7
8	9	10	11	12	13	14
15	16	17	18	19	20	21
22	23	24	25	26	27	28
29	30	31				

November

S	M	T	W	T	F	S
			1	2	3	4
5	6	7	8	9	10	11
12	13	14	15	16	17	18
19	20	21	22	23	24	25
26	27	28	29	30		

December

S	M	T	W	T	F	S
					1	2
3	4	5	6	7	8	9
10	11	12	13	14	15	16
17	18	19	20	21	22	23
24	25	26	27	28	29	30
31						

Holidays *Celebrations*

January 1st	New Year's dayt
January 16th	Martin Luther King Jr. Day
January 24th	Belly lough day
February 2nd	Groundhog Day
February 12th	Lincoln's Birthday
February 14th	Valentine's Day
February 20th	Presidents' Day
March 8th	International Women's Day
March 17th	St. Patrick's Day
April 1st	April Fool's Day
April 7th	Good Friday
April 9th	Easter
April 10th	Easter Monday
April 22nd	Earth Day
April 22nd	Eid al-Fitr
May 5th	Cinco de Mayo
May 14th	Mother's Day
May 28th	Pentecost
May 29th	Pentecost Monday
May 29th	Memorial day
June 14th	Flag Day
June 18th	Father's day
July 4th	Independence Day
July 23rd	Parent's Day
September 4th	Labor Day

Holidays *Celebrations*

September 10th	Grandparents Day
September 16th	Stepfamily Day
September 17th	Citizenship Day
September 22nd	Native American Day
October 9th	Columbus day
October 21st	Sweetest Day; Boss day
October 31st	Halloween
November 14th	Veteran's Day
November 23rd	Thanksgiving
December 24th	Christmas Eve
December 25th	Christmas
December 31st	New Year's Eve

Notes

Important Dates

January

February

March

April

May

June

July

August

September

October

November

December

Birtdays

January	February	March
April	May	June
July	August	September
October	November	December

Notes

Yearly Overview

	January	February	March	April	May	June
1						
2						
3						
4						
5						
6						
7						
8						
9						
10						
11						
12						
13						
14						
15						
16						
17						
18						
19						
22						
21						
22						
23						
24						
25						
26						
27						
28						
29						
30						
31						

2023

	July	August	September	October	November	December
1						
2						
3						
4						
5						
6						
7						
8						
9						
10						
11						
12						
13						
14						
15						
16						
17						
18						
19						
22						
21						
22						
23						
24						
25						
26						
27						
28						
29						
30						
31						

January 2023

Sunday	Monday	Tuesday	Wednesday
1	2	3	4
1	2	3	4
1	2	3	4
1	2	3	4
1	2	3	4
1	2	3	4

January 2023

Thursday	Friday	Saturday
1	2	3
1	2	3
1	2	3
1	2	3
1	2	3
1	2	3

To Do List

Notes

February

S	M	T	W	T	F	S
			1	2	3	4
5	6	7	8	9	10	11
12	13	14	15	16	17	18
19	20	21	22	23	24	25
26	27	28				

February 2023

Sunday	Monday	Tuesday	Wednesday
			1
5	6	7	8
12	13	14	15
19	20	21	22
26	27	28	

February 2023

Thursday	Friday	Saturday	To Do List
2	3	4	
9	10	11	
16	17	18	**Notes**
23	24	25	

March

S	M	T	W	T	F	S
			1	2	3	4
5	6	7	8	9	10	11
12	13	14	15	16	17	18
19	20	21	22	23	24	25
26	27	28	29	30	31	

March 2023

Sunday	Monday	Tuesday	Wednesday
			1
5	6	7	8
12	13	14	15
19	20	21	22
26	27	28	29

March 2023

Thursday	Friday	Saturday
2	3	4
9	10	11
16	17	18
23	24	25
30	31	

To Do List

Notes

April

S	M	T	W	T	F	S
						1
2	3	4	5	6	7	8
9	10	11	12	13	14	15
16	17	18	19	20	21	22
23	24	25	26	27	28	29
30						

April 2023

Sunday	Monday	Tuesday	Wednesday
2	3	4	5
9	10	11	12
16	17	18	19
23	24	25	26
30			

April 2023

Thursday	Friday	Saturday
		1
6	7	8
13	14	15
20	21	22
27	28	29

To Do List

Notes

May

S	M	T	W	T	F	S
	1	2	3	4	5	6
7	8	9	10	11	12	13
14	15	16	17	18	19	20
21	22	23	24	25	26	27
28	29	30	31			

May 2023

Sunday	Monday	Tuesday	Wednesday
	1	2	3
7	8	9	10
14	15	16	17
21	22	23	24
28	29	30	31

May 2023

Thursday	Friday	Saturday
4	5	6
11	12	13
18	19	20
25	26	27

To Do List

Notes

June

S	M	T	W	T	F	S
				1	2	3
4	5	6	7	8	9	10
11	12	13	14	15	16	17
18	19	20	21	22	23	24
25	26	27	28	29	30	

June 2023

Sunday	Monday	Tuesday	Wednesday
4	5	6	7
11	12	13	14
18	19	20	21
25	26	27	28

June 2023

Thursday	Friday	Saturday
1	2	3
8	9	10
15	16	17
22	23	24
29	30	

To Do List

Notes

July

S	M	T	W	T	F	S
						1
2	3	4	5	6	7	8
9	10	11	12	13	14	15
16	17	18	19	20	21	22
23	24	25	26	27	28	29
30	31					

July 2023

Sunday	Monday	Tuesday	Wednesday
2	3	4	5
9	10	11	12
16	17	18	19
23	24	25	26
30	31		

July 2023

Thursday	Friday	Saturday
		1
6	7	8
13	14	15
20	21	22
27	28	29

To Do List

Notes

August

S	M	T	W	T	F	S
		1	2	3	4	5
6	7	8	9	10	11	12
13	14	15	16	17	18	19
20	21	22	23	24	25	26
27	28	29	30	31		

August 2023

Sunday	Monday	Tuesday	Wednesday
		1	2
6	7	8	9
13	14	15	16
20	21	22	23
27	28	29	30

August 2023

Thursday	Friday	Saturday
3	4	5
10	11	12
17	18	19
24	25	26
31		

To Do List

Notes

September

S	M	T	W	T	F	S
					1	2
3	4	5	6	7	8	9
10	11	12	13	14	15	16
17	18	19	20	21	22	23
24	25	26	27	28	29	30

September 2023

Sunday	Monday	Tuesday	Wednesday
3	4	5	6
10	11	12	13
17	18	19	20
24	25	26	27

September 2023

Thursday	Friday	Saturday
	1	2
7	8	9
14	15	16
21	22	23
28	29	30

To Do List

Notes

October

S	M	T	W	T	F	S
1	2	3	4	5	6	7
8	9	10	11	12	13	14
15	16	17	18	19	20	21
22	23	24	25	26	27	28
29	30	31				

October 2023

Sunday	Monday	Tuesday	Wednesday
1	2	3	4
8	9	10	11
15	16	17	18
22	23	24	25
29	30	31	

October 2023

Thursday	Friday	Saturday	To Do List
5	6	7	
12	13	14	
19	20	21	**Notes**
26	27	28	

November

S	M	T	W	T	F	S
			1	2	3	4
5	6	7	8	9	10	11
12	13	14	15	16	17	18
19	20	21	22	23	24	25
26	27	28	29	30		

November 2023

Sunday	Monday	Tuesday	Wednesday
			1
5	6	7	8
12	13	14	15
19	20	21	22
26	27	28	29

November 2023

Thursday	Friday	Saturday
2	3	4
9	10	11
16	17	18
23	24	25
30		

To Do List

Notes

December

S	M	T	W	T	F	S
					1	2
3	4	5	6	7	8	9
10	11	12	13	14	15	16
17	18	19	20	21	22	23
24	25	26	27	28	29	30
31						

December 2023

Sunday	Monday	Tuesday	Wednesday
3	4	5	6
10	11	12	13
17	18	19	20
24	25	26	27
31			

December 2023

Thursday	Friday	Saturday
	1	2
7	8	9
14	15	16
21	22	23
28	29	30

To Do List

Notes

January

S	M	T	W	T	F	S
	1	2	3	4	5	6
7	8	9	10	11	12	13
14	15	16	17	18	19	20
21	22	23	24	25	26	27
28	29	30	31			

2024 Calendar

January

S	M	T	W	T	F	S
	1	2	3	4	5	6
7	8	9	10	11	12	13
14	15	16	17	18	19	20
21	22	23	24	25	26	27
28	29	30	31			

February

S	M	T	W	T	F	S
				1	2	3
4	5	6	7	8	9	10
11	12	13	14	15	16	17
18	19	20	21	22	23	24
25	26	27	28	29		

March

S	M	T	W	T	F	S
					1	2
3	4	5	6	7	8	9
10	11	12	13	14	15	16
17	18	19	20	21	22	23
24 / 31	25	26	27	28	29	30

April

S	M	T	W	T	F	S
	1	2	3	4	5	6
7	8	9	10	11	12	13
14	15	16	17	18	19	20
21	22	23	24	25	26	27
28	29	30				

May

S	M	T	W	T	F	S
			1	2	3	4
5	6	7	8	9	10	11
12	13	14	15	16	17	18
19	20	21	22	23	24	25
26	27	28	29	30	31	

June

S	M	T	W	T	F	S
						1
2	3	4	5	6	7	8
9	10	11	12	13	14	15
16	17	18	19	20	21	22
23 / 30	24	25	26	27	28	29

July

S	M	T	W	T	F	S
	1	2	3	4	5	6
7	8	9	10	11	12	13
14	15	16	17	18	19	20
21	22	23	24	25	26	27
28	29	30	31			

August

S	M	T	W	T	F	S
				1	2	3
4	5	6	7	8	9	10
11	12	13	14	15	16	17
18	19	20	21	22	23	24
25	26	27	28	29	30	31

September

S	M	T	W	T	F	S
1	2	3	4	5	6	7
8	9	10	11	12	13	14
15	16	17	18	19	20	21
22	23	24	25	26	27	28
29	30					

October

S	M	T	W	T	F	S
		1	2	3	4	5
6	7	8	9	10	11	12
13	14	15	16	17	18	19
20	21	22	23	24	25	26
27	28	29	30	31		

November

S	M	T	W	T	F	S
					1	2
3	4	5	6	7	8	9
10	11	12	13	14	15	16
17	18	19	20	21	22	23
24	25	26	27	28	29	30

December

S	M	T	W	T	F	S
1	2	3	4	5	6	7
8	9	10	11	12	13	14
15	16	17	18	19	20	21
22	23	24	25	26	27	28
29	30	31				

Holidays *Celebrations*

January 1st	New Year's dayt
January 16th	Martin Luther King Jr. Day
January 24th	Belly lough day
February 2nd	Groundhog Day
February 12th	Lincoln's Birthday
February 14th	Valentine's Day
February 20th	Presidents' Day
March 8th	International Women's Day
March 17th	St. Patrick's Day
April 1st	April Fool's Day
April 7th	Good Friday
April 9th	Easter
April 10th	Easter Monday
April 22nd	Earth Day
April 22nd	Eid al-Fitr
May 5th	Cinco de Mayo
May 14th	Mother's Day
May 28th	Pentecost
May 29th	Pentecost Monday
May 29th	Memorial day
June 14th	Flag Day
June 18th	Father's day
July 4th	Independence Day
July 23rd	Parent's Day
September 4th	Labor Day

Holidays *Celebrations*

September 10th	Grandparents Day
September 16th	Stepfamily Day
September 17th	Citizenship Day
September 22nd	Native American Day
October 9th	Columbus day
October 21st	Sweetest Day; Boss day
October 31st	Halloween
November 14th	Veteran's Day
November 23rd	Thanksgiving
December 24th	Christmas Eve
December 25th	Christmas
December 31st	New Year's Eve

Notes

Important Dates

January	February	March

April	May	June

July	August	September

October	November	December

Birtdays

January	February	March

April	May	June

July	August	September

October	November	December

Notes

Yearly Overview

	January	February	March	April	May	June
1						
2						
3						
4						
5						
6						
7						
8						
9						
10						
11						
12						
13						
14						
15						
16						
17						
18						
19						
22						
21						
22						
23						
24						
25						
26						
27						
28						
29						
30						
31						

2024

	July	August	September	October	November	December
1						
2						
3						
4						
5						
6						
7						
8						
9						
10						
11						
12						
13						
14						
15						
16						
17						
18						
19						
22						
21						
22						
23						
24						
25						
26						
27						
28						
29						
30						
31						

January 2024

Sunday	Monday	Tuesday	Wednesday
	1	2	3
7	8	9	10
14	15	16	17
21	22	23	24
28	29	30	31

January 2024

Thursday	Friday	Saturday	To Do List
4	5	6	
11	12	13	
18	19	20	**Notes**
25	26	27	

February

S	M	T	W	T	F	S
				1	2	3
4	5	6	7	8	9	10
11	12	13	14	15	16	17
18	19	20	21	22	23	24
25	26	27	28	29		

February 2024

Sunday	Monday	Tuesday	Wednesday
4	5	6	7
11	12	13	14
18	19	20	21
25	26	27	28

February 2024

Thursday	Friday	Saturday	To Do List
1	2	3	
8	9	10	
15	16	17	**Notes**
22	23	24	
29			

March

S	M	T	W	T	F	S
					1	2
3	4	5	6	7	8	9
10	11	12	13	14	15	16
17	18	19	20	21	22	23
24 31	25	26	27	28	29	30

March 2024

Sunday	Monday	Tuesday	Wednesday
3	4	5	6
10	11	12	13
17	18	19	20
24	25	26	27
31			

March 2024

Thursday	Friday	Saturday
	1	2
7	8	9
14	15	16
21	22	23
28	29	30

To Do List

Notes

April

S	M	T	W	T	F	S
		1	2	3	4	5	6
7	8	9	10	11	12	13
14	15	16	17	18	19	20
21	22	23	24	25	26	27
28	29	30				

April 2024

Sunday	Monday	Tuesday	Wednesday
	1	2	3
7	8	9	10
14	15	16	17
21	22	23	24
28	29	30	

April 2024

Thursday	Friday	Saturday
4	5	6
11	12	13
18	19	20
25	26	27

To Do List

Notes

May

S	M	T	W	T	F	S
			1	2	3	4
5	6	7	8	9	10	11
12	13	14	15	16	17	18
19	20	21	22	23	24	25
26	27	28	29	30	31	

May 2024

Sunday	Monday	Tuesday	Wednesday
			1
5	6	7	8
12	13	14	15
19	20	21	22
26	27	28	29

May 2024

Thursday	Friday	Saturday
2	3	4
9	10	11
16	17	18
23	24	25
30	31	

To Do List

Notes

June

S	M	T	W	T	F	S
						1
2	3	4	5	6	7	8
9	10	11	12	13	14	15
16	17	18	19	20	21	22
23 30	24	25	26	27	28	29

June 2024

Sunday	Monday	Tuesday	Wednesday
2	3	4	5
9	10	11	12
16	17	18	19
23	24	25	26
30			

June 2024

Thursday	Friday	Saturday
		1
6	7	8
13	14	15
20	21	22
27	28	29

To Do List

Notes

July

S	M	T	W	T	F	S
	1	2	3	4	5	6
7	8	9	10	11	12	13
14	15	16	17	18	19	20
21	22	23	24	25	26	27
28	29	30	31			

July 2024

Sunday	Monday	Tuesday	Wednesday
	1	2	3
7	8	9	10
14	15	16	17
21	22	23	24
28	29	30	31

July 2024

Thursday	Friday	Saturday
4	5	6
11	12	13
18	19	20
25	26	27

To Do List

Notes

August

S	M	T	W	T	F	S
				1	2	3
4	5	6	7	8	9	10
11	12	13	14	15	16	17
18	19	20	21	22	23	24
25	26	27	28	29	30	31

August 2024

Sunday	Monday	Tuesday	Wednesday
4	5	6	7
11	12	13	14
18	19	20	21
25	26	27	28

August 2024

Thursday	Friday	Saturday
1	2	3
8	9	10
15	16	17
22	23	24
29	30	31

To Do List

Notes

September

S	M	T	W	T	F	S
1	2	3	4	5	6	7
8	9	10	11	12	13	14
15	16	17	18	19	20	21
22	23	24	25	26	27	28
29	30					

September 2024

Sunday	Monday	Tuesday	Wednesday
1	2	3	4
8	9	10	11
15	16	17	18
22	23	24	25
29	30		

September 2024

Thursday	Friday	Saturday	To Do List
5	6	7	
12	13	14	
19	20	21	**Notes**
26	27	28	

October

S	M	T	W	T	F	S
		1	2	3	4	5
6	7	8	9	10	11	12
13	14	15	16	17	18	19
20	21	22	23	24	25	26
27	28	29	30	31		

October 2024

Sunday	Monday	Tuesday	Wednesday
		1	2
6	7	8	9
13	14	15	16
20	21	22	23
27	28	29	30

October 2024

Thursday	Friday	Saturday
3	4	5
10	11	12
17	18	19
24	25	26
31		

To Do List

Notes

November

S	M	T	W	T	F	S
					1	2
3	4	5	6	7	8	9
10	11	12	13	14	15	16
17	18	19	20	21	22	23
24	25	26	27	28	29	30

November 2024

Sunday	Monday	Tuesday	Wednesday
3	4	5	6
10	11	12	13
17	18	19	20
24	25	26	27

November 2024

Thursday	Friday	Saturday	To Do List
	1	2	
7	8	9	
14	15	16	**Notes**
21	22	23	
28	29	30	

December

S	M	T	W	T	F	S
1	2	3	4	5	6	7
8	9	10	11	12	13	14
15	16	17	18	19	20	21
22	23	24	25	26	27	28
29	30	31				

December 2024

Sunday	Monday	Tuesday	Wednesday
1	2	3	4
8	9	10	11
15	16	17	18
22	23	24	25
29	30	31	

December 2024

Thursday	Friday	Saturday	To Do List
5	6	7	
12	13	14	
19	20	21	**Notes**
26	27	28	

January

S	M	T	W	T	F	S
			1	2	3	4
5	6	7	8	9	10	11
12	13	14	15	16	17	18
19	20	21	22	23	24	25
26	27	28	29	30	31	

2025 Calendar

January

S	M	T	W	T	F	S
			1	2	3	4
5	6	7	8	9	10	11
12	13	14	15	16	17	18
19	20	21	22	23	24	25
26	27	28	29	30	31	

February

S	M	T	W	T	F	S
						1
2	3	4	5	6	7	8
9	10	11	12	13	14	15
16	17	18	19	20	21	22
23	24	25	26	27	28	

March

S	M	T	W	T	F	S
						1
2	3	4	5	6	7	8
9	10	11	12	13	14	15
16	17	18	19	20	21	22
23	24	25	26	27	28	29
30	31					

April

S	M	T	W	T	F	S
		1	2	3	4	5
6	7	8	9	10	11	12
13	14	15	16	17	18	19
20	21	22	23	24	25	26
27	28	29	30			

May

S	M	T	W	T	F	S
				1	2	3
4	5	6	7	8	9	10
11	12	13	14	15	16	17
18	19	20	21	22	23	24
25	26	27	28	29	30	31

June

S	M	T	W	T	F	S
1	2	3	4	5	6	7
8	9	10	11	12	13	14
15	16	17	18	19	20	21
22	23	24	25	26	27	28
29	30					

July

S	M	T	W	T	F	S
		1	2	3	4	5
6	7	8	9	10	11	12
13	14	15	16	17	18	19
20	21	22	23	24	25	26
27	28	29	30	31		

August

S	M	T	W	T	F	S
					1	2
3	4	5	6	7	8	9
10	11	12	13	14	15	16
17	18	19	20	21	22	23
24	25	26	27	28	29	30
31						

September

S	M	T	W	T	F	S
	1	2	3	4	5	6
7	8	9	10	11	12	13
14	15	16	17	18	19	20
21	22	23	24	25	26	27
28	29	30				

October

S	M	T	W	T	F	S
			1	2	3	4
5	6	7	8	9	10	11
12	13	14	15	16	17	18
19	20	21	22	23	24	25
26	27	28	29	30	31	

November

S	M	T	W	T	F	S
						1
2	3	4	5	6	7	8
9	10	11	12	13	14	15
16	17	18	19	20	21	22
23	24	25	26	27	28	29
30						

December

S	M	T	W	T	F	S
	1	2	3	4	5	6
7	8	9	10	11	12	13
14	15	16	17	18	19	20
21	22	23	24	25	26	27
28	29	30	31			

Holidays *Celebrations*

January 1st	New Year's dayt
January 16th	Martin Luther King Jr. Day
January 24th	Belly lough day
February 2nd	Groundhog Day
February 12th	Lincoln's Birthday
February 14th	Valentine's Day
February 20th	Presidents' Day
March 8th	International Women's Day
March 17th	St. Patrick's Day
April 1st	April Fool's Day
April 7th	Good Friday
April 9th	Easter
April 10th	Easter Monday
April 22nd	Earth Day
April 22nd	Eid al-Fitr
May 5th	Cinco de Mayo
May 14th	Mother's Day
May 28th	Pentecost
May 29th	Pentecost Monday
May 29th	Memorial day
June 14th	Flag Day
June 18th	Father's day
July 4th	Independence Day
July 23rd	Parent's Day
September 4th	Labor Day

Holidays *Celebrations*

September 10th	Grandparents Day
September 16th	Stepfamily Day
September 17th	Citizenship Day
September 22nd	Native American Day
October 9th	Columbus day
October 21st	Sweetest Day; Boss day
October 31st	Halloween
November 14th	Veteran's Day
November 23rd	Thanksgiving
December 24th	Christmas Eve
December 25th	Christmas
December 31st	New Year's Eve

Notes

Important Dates

January

February

March

April

May

June

July

August

September

October

November

December

Birtdays

January	**February**	**March**
April	**May**	**June**
July	**August**	**September**
October	**November**	**December**

Notes

Yearly Overview

	January	February	March	April	May	June
1						
2						
3						
4						
5						
6						
7						
8						
9						
10						
11						
12						
13						
14						
15						
16						
17						
18						
19						
22						
21						
22						
23						
24						
25						
26						
27						
28						
29						
30						
31						

2025

	July	August	September	October	November	December
1						
2						
3						
4						
5						
6						
7						
8						
9						
10						
11						
12						
13						
14						
15						
16						
17						
18						
19						
22						
21						
22						
23						
24						
25						
26						
27						
28						
29						
30						
31						

January 2025

Sunday	Monday	Tuesday	Wednesday
			1
5	6	7	8
12	13	14	15
19	20	21	22
26	27	28	29

January 2025

Thursday	Friday	Saturday
2	3	4
9	10	11
16	17	18
23	24	25
30	31	

To Do List

Notes

February

S	M	T	W	T	F	S
						1
2	3	4	5	6	7	8
9	10	11	12	13	14	15
16	17	18	19	20	21	22
23	24	25	26	27	28	

February 2025

Sunday	Monday	Tuesday	Wednesday
2	3	4	5
9	10	11	12
16	17	18	19
23	24	25	26

February 2025

Thursday	Friday	Saturday	To Do List
		1	
6	7	8	
13	14	15	**Notes**
20	21	22	
27	28		

March

S	M	T	W	T	F	S
						1
2	3	4	5	6	7	8
9	10	11	12	13	14	15
16	17	18	19	20	21	22
23	24	25	26	27	28	29
30	31					

March 2025

Sunday	Monday	Tuesday	Wednesday
2	3	4	5
9	10	11	12
16	17	18	19
23	24	25	26
30	31		

March 2025

Thursday	Friday	Saturday
		1
6	7	8
13	14	15
20	21	22
27	28	

To Do List

Notes

April

S	M	T	W	T	F	S
		1	2	3	4	5
6	7	8	9	10	11	12
13	14	15	16	17	18	19
20	21	22	23	24	25	26
27	28	29	30			

April 2025

Sunday	Monday	Tuesday	Wednesday
		1	2
6	7	8	9
13	14	15	16
20	21	22	23
27	28	29	30

April 2025

Thursday	Friday	Saturday
3	4	5
10	11	12
17	18	19
24	25	26

To Do List

Notes

May

S	M	T	W	T	F	S
				1	2	3
4	5	6	7	8	9	10
11	12	13	14	15	16	17
18	19	20	21	22	23	24
25	26	27	28	29	30	31

May 2025

Sunday	Monday	Tuesday	Wednesday
4	5	6	7
11	12	13	14
18	19	20	21
25	26	27	28

May 2025

Thursday	Friday	Saturday
1	2	3
8	9	10
15	16	17
22	23	24
29	30	31

To Do List

Notes

June

S	M	T	W	T	F	S
1	2	3	4	5	6	7
8	9	10	11	12	13	14
15	16	17	18	19	20	21
22	23	24	25	26	27	28
29	30					

June 2025

Sunday	Monday	Tuesday	Wednesday
1	2	3	4
8	9	10	11
15	16	17	18
22	23	24	25
29	30		

June 2025

Thursday	Friday	Saturday
5	6	7
12	13	14
19	20	21
26	27	28

To Do List

Notes

July

S	M	T	W	T	F	S
		1	2	3	4	5
6	7	8	9	10	11	12
13	14	15	16	17	18	19
20	21	22	23	24	25	26
27	28	29	30	31		

July 2025

Sunday	Monday	Tuesday	Wednesday
		1	2
6	7	8	9
13	14	15	16
20	21	22	23
27	28	29	30

July 2025

Thursday	Friday	Saturday
3	4	5
10	11	12
17	18	19
24	25	26
31		

To Do List

Notes

August

S	M	T	W	T	F	S
					1	2
3	4	5	6	7	8	9
10	11	12	13	14	15	16
17	18	19	20	21	22	23
24	25	26	27	28	29	30
31						

August 2025

Sunday	Monday	Tuesday	Wednesday
3	4	5	6
10	11	12	13
17	18	19	20
24	25	26	27
31			

August 2025

Thursday	Friday	Saturday
	1	2
7	8	9
14	15	16
21	22	23
28	29	30

To Do List

Notes

September

S	M	T	W	T	F	S
	1	2	3	4	5	6
7	8	9	10	11	12	13
14	15	16	17	18	19	20
21	22	23	24	25	26	27
28	29	30				

September 2025

Sunday	Monday	Tuesday	Wednesday
	1	2	3
7	8	9	10
14	15	16	17
21	22	23	24
28	29	30	

September 2025

Thursday	Friday	Saturday	To Do List
4	5	6	
11	12	13	
18	19	20	**Notes**
25	26	27	

October

S	M	T	W	T	F	S
			1	2	3	4
5	6	7	8	9	10	11
12	13	14	15	16	17	18
19	20	21	22	23	24	25
26	27	28	29	30	31	

October 2025

Sunday	Monday	Tuesday	Wednesday
			1
5	6	7	8
12	13	14	15
19	20	21	22
26	27	28	29

October 2025

Thursday	Friday	Saturday	To Do List
2	3	4	
9	10	11	
16	17	18	**Notes**
23	24	25	
30	31		

November

S	M	T	W	T	F	S
						1
2	3	4	5	6	7	8
9	10	11	12	13	14	15
16	17	18	19	20	21	22
23	24	25	26	27	28	29
30						

November 2025

Sunday	Monday	Tuesday	Wednesday
2	3	4	5
9	10	11	12
16	17	18	19
23	24	25	26
30	31		

November 2025

Thursday	Friday	Saturday
		1
6	7	8
13	14	15
20	21	22
27	28	

To Do List

Notes

December

S	M	T	W	T	F	S
		1	2	3	4	5	6
7	8	9	10	11	12	13
14	15	16	17	18	19	20
21	22	23	24	25	26	27
28	29	30	31			

December 2025

Sunday	Monday	Tuesday	Wednesday
	1	2	3
7	8	9	10
14	15	16	17
21	22	23	24
28	29	30	31

December 2025

Sunday	Monday	Tuesday	Wednesday
	1	2	3
7	8	9	10
14	15	16	17
21	22	23	24
28	29	30	31

2026 Calendar

January

S	M	T	W	T	F	S
				1	2	3
4	5	6	7	8	9	10
11	12	13	14	15	16	17
18	19	20	21	22	23	24
25	26	27	28	29	30	31

February

S	M	T	W	T	F	S
1	2	3	4	5	6	7
8	9	10	11	12	13	14
15	16	17	18	19	20	21
22	23	24	25	26	27	28

March

S	M	T	W	T	F	S
1	2	3	4	5	6	7
8	9	10	11	12	13	14
15	16	17	18	19	20	21
22	23	24	25	26	27	28
29	30	31				

April

S	M	T	W	T	F	S
			1	2	3	4
5	6	7	8	9	10	11
12	13	14	15	16	17	18
19	20	21	22	23	24	25
26	27	28	29	30		

May

S	M	T	W	T	F	S
					1	2
3	4	5	6	7	8	9
10	11	12	13	14	15	16
17	18	19	20	21	22	23
24	25	26	27	28	29	30
31						

June

S	M	T	W	T	F	S
	1	2	3	4	5	6
7	8	9	10	11	12	13
14	15	16	17	18	19	20
21	22	23	24	25	26	27
28	29	30				

July

S	M	T	W	T	F	S
			1	2	3	4
5	6	7	8	9	10	11
12	13	14	15	16	17	18
19	20	21	22	23	24	25
26	27	28	29	30	31	

August

S	M	T	W	T	F	S
						1
2	3	4	5	6	7	8
9	10	11	12	13	14	15
16	17	18	19	20	21	22
23	24	25	26	27	28	29
30	31					

September

S	M	T	W	T	F	S
		1	2	3	4	5
6	7	8	9	10	11	12
13	14	15	16	17	18	19
20	21	22	23	24	25	26
27	28	29	30			

October

S	M	T	W	T	F	S
				1	2	3
4	5	6	7	8	9	10
11	12	13	14	15	16	17
18	19	20	21	22	23	24
25	26	27	28	29	30	31

November

S	M	T	W	T	F	S
1	2	3	4	5	6	7
8	9	10	11	12	13	14
15	16	17	18	19	20	21
22	23	24	25	26	27	28
29	30					

December

S	M	T	W	T	F	S
		1	2	3	4	5
6	7	8	9	10	11	12
13	14	15	16	17	18	19
20	21	22	23	24	25	26
27	28	29	30	31		

Holidays *Celebrations*

January 1st	New Year's dayt
January 16th	Martin Luther King Jr. Day
January 24th	Belly lough day
February 2nd	Groundhog Day
February 12th	Lincoln's Birthday
February 14th	Valentine's Day
February 20th	Presidents' Day
March 8th	International Women's Day
March 17th	St. Patrick's Day
April 1st	April Fool's Day
April 7th	Good Friday
April 9th	Easter
April 10th	Easter Monday
April 22nd	Earth Day
April 22nd	Eid al-Fitr
May 5th	Cinco de Mayo
May 14th	Mother's Day
May 28th	Pentecost
May 29th	Pentecost Monday
May 29th	Memorial day
June 14th	Flag Day
June 18th	Father's day
July 4th	Independence Day
July 23rd	Parent's Day
September 4th	Labor Day

Holidays *Celebrations*

September 10th	Grandparents Day
September 16th	Stepfamily Day
September 17th	Citizenship Day
September 22nd	Native American Day
October 9th	Columbus day
October 21st	Sweetest Day; Boss day
October 31st	Halloween
November 14th	Veteran's Day
November 23rd	Thanksgiving
December 24th	Christmas Eve
December 25th	Christmas
December 31st	New Year's Eve

Notes

Important Dates

January

February

March

April

May

June

July

August

September

October

November

December

Birtdays

January	February	March

April	May	June

July	August	September

October	November	December

Notes

Yearly Overview

	January	February	March	April	May	June
1						
2						
3						
4						
5						
6						
7						
8						
9						
10						
11						
12						
13						
14						
15						
16						
17						
18						
19						
22						
21						
22						
23						
24						
25						
26						
27						
28						
29						
30						
31						

2026

	July	August	September	October	November	December
1						
2						
3						
4						
5						
6						
7						
8						
9						
10						
11						
12						
13						
14						
15						
16						
17						
18						
19						
22						
21						
22						
23						
24						
25						
26						
27						
28						
29						
30						
31						

January 2026

Sunday	Monday	Tuesday	Wednesday
4	5	6	7
11	12	13	14
18	19	20	21
25	26	27	28

January 2026

Thursday	Friday	Saturday
1	2	3
8	9	10
15	16	17
22	23	24
29	30	31

To Do List

Notes

February

S	M	T	W	T	F	S
1	2	3	4	5	6	7
8	9	10	11	12	13	14
15	16	17	18	19	20	21
22	23	24	25	26	27	28

February 2026

Sunday	Monday	Tuesday	Wednesday
1	2	3	4
8	9	10	11
15	16	17	18
22	23	24	25

February 2026

Thursday	Friday	Saturday
5	6	7
12	13	14
19	20	21
26	27	28

To Do List

Notes

March

S	M	T	W	T	F	S
1	2	3	4	5	6	7
8	9	10	11	12	13	14
15	16	17	18	19	20	21
22	23	24	25	26	27	28
29	30	31				

March 2026

Sunday	Monday	Tuesday	Wednesday
1	2	3	4
8	9	10	11
15	16	17	18
22	23	24	25
29	30	31	

March 2026

Thursday	Friday	Saturday
5	6	7
12	13	14
19	20	21
26	27	28

To Do List

Notes

April

S	M	T	W	T	F	S
			1	2	3	4
5	6	7	8	9	10	11
12	13	14	15	16	17	18
19	20	21	22	23	24	25
26	27	28	29	30		

April 2026

Sunday	Monday	Tuesday	Wednesday
			1
5	6	7	8
12	13	14	15
19	20	21	22
26	27	28	29

April 2026

Thursday	Friday	Saturday	To Do List
2	3	4	
9	10	11	
16	17	18	**Notes**
23	24	25	
30			

May

S	M	T	W	T	F	S
					1	2
3	4	5	6	7	8	9
10	11	12	13	14	15	16
17	18	19	20	21	22	23
24	25	26	27	28	29	30
31						

May 2026

Sunday	Monday	Tuesday	Wednesday
3	4	5	6
10	11	12	13
17	18	19	20
24	25	26	27
31			

May 2026

Thursday	Friday	Saturday
	1	2
7	8	9
14	15	16
21	22	23
28	29	30

To Do List

Notes

June

S	M	T	W	T	F	S
		1	2	3	4	5	6
7	8	9	10	11	12	13
14	15	16	17	18	19	20
21	22	23	24	25	26	27
28	29	30				

June 2026

Sunday	Monday	Tuesday	Wednesday
	1	2	3
7	8	9	10
14	15	16	17
21	22	23	24
28	29	30	

June 2026

Thursday	Friday	Saturday	To Do List
4	5	6	
11	12	13	
18	19	20	**Notes**
25	26	27	

July

S	M	T	W	T	F	S
			1	2	3	4
5	6	7	8	9	10	11
12	13	14	15	16	17	18
19	20	21	22	23	24	25
26	27	28	29	30	31	

July 2026

Sunday	Monday	Tuesday	Wednesday
			1
5	6	7	8
12	13	14	15
19	20	21	22
26	27	28	29

July 2026

Thursday	Friday	Saturday
2	3	4
9	10	11
16	17	18
23	24	25
30	31	

To Do List

Notes

August

S	M	T	W	T	F	S
						1
2	3	4	5	6	7	8
9	10	11	12	13	14	15
16	17	18	19	20	21	22
23	24	25	26	27	28	29
30	31					

August 2026

Sunday	Monday	Tuesday	Wednesday
2	3	4	5
9	10	11	12
16	17	18	19
23	24	25	26
30	31		

August 2026

Thursday	Friday	Saturday
		1
6	7	8
13	14	15
20	21	22
27	28	

To Do List

Notes

September

S	M	T	W	T	F	S
		1	2	3	4	5
6	7	8	9	10	11	12
13	14	15	16	17	18	19
20	21	22	23	24	25	26
27	28	29	30			

September 2026

Sunday	Monday	Tuesday	Wednesday
		1	2
6	7	8	9
13	14	15	16
20	21	22	23
27	28	29	30

September 2026

Thursday	Friday	Saturday	To Do List
3	4	5	
10	11	12	
17	18	19	**Notes**
24	25	26	

October

S	M	T	W	T	F	S
				1	2	3
4	5	6	7	8	9	10
11	12	13	14	15	16	17
18	19	20	21	22	23	24
25	26	27	28	29	30	31

October 2026

Sunday	Monday	Tuesday	Wednesday
4	5	6	7
11	12	13	14
18	19	20	21
25	26	27	28

October 2026

Thursday	Friday	Saturday
1	2	3
8	9	10
15	16	17
22	23	24
29	30	31

To Do List

Notes

November

S	M	T	W	T	F	S
1	2	3	4	5	6	7
8	9	10	11	12	13	14
15	16	17	18	19	20	21
22	23	24	25	26	27	28
29	30					

November 2026

Sunday	Monday	Tuesday	Wednesday
1	2	3	4
8	9	10	11
15	16	17	18
22	23	24	25
29	30		

November 2026

Thursday	Friday	Saturday
5	6	7
12	13	14
19	20	21
26	27	28

To Do List

Notes

December

S	M	T	W	T	F	S
		1	2	3	4	5
6	7	8	9	10	11	12
13	14	15	16	17	18	19
20	21	22	23	24	25	26
27	28	29	30	31		

December 2026

Sunday	Monday	Tuesday	Wednesday
		1	2
6	7	8	9
13	14	15	16
20	21	22	23
27	28	29	30

December 2026

Thursday	Friday	Saturday
3	4	5
10	11	12
17	18	19
24	25	26
31		

To Do List

Notes

January

S	M	T	W	T	F	S
					1	2
3	4	5	6	7	8	9
10	11	12	13	14	15	16
17	18	19	20	21	22	23
24/31	25	26	27	28	29	30

2027 Calendar

January

S	M	T	W	T	F	S
					1	2
3	4	5	6	7	8	9
10	11	12	13	14	15	16
17	18	19	20	21	22	23
24 31	25	26	27	28	29	30

February

S	M	T	W	T	F	S
	1	2	3	4	5	6
7	8	9	10	11	12	13
14	15	16	17	18	19	20
21	22	23	24	25	26	27
28						

March

S	M	T	W	T	F	S
	1	2	3	4	5	6
7	8	9	10	11	12	13
14	15	16	17	18	19	20
21	22	23	24	25	26	27
28	29	30	31			

April

S	M	T	W	T	F	S
				1	2	3
4	5	6	7	8	9	10
11	12	13	14	15	16	17
18	19	20	21	22	23	24
25	26	27	28	29	30	

May

S	M	T	W	T	F	S
						1
2	3	4	5	6	7	8
9	10	11	12	13	14	15
16	17	18	19	20	21	22
23 30	24 31	25	26	27	28	29

June

S	M	T	W	T	F	S
		1	2	3	4	5
6	7	8	9	10	11	12
13	14	15	16	17	18	19
20	21	22	23	24	25	26
27	28	29	30			

July

S	M	T	W	T	F	S
				1	2	3
4	5	6	7	8	9	10
11	12	13	14	15	16	17
18	19	20	21	22	23	24
25	26	27	28	29	30	31

August

S	M	T	W	T	F	S
1	2	3	4	5	6	7
8	9	10	11	12	13	14
15	16	17	18	19	20	21
22	23	24	25	26	27	28
29	30	31				

September

S	M	T	W	T	F	S
			1	2	3	4
5	6	7	8	9	10	11
12	13	14	15	16	17	18
19	20	21	22	23	24	25
26	27	28	29	30		

October

S	M	T	W	T	F	S
					1	2
3	4	5	6	7	8	9
10	11	12	13	14	15	16
17	18	19	20	21	22	23
24	25	26	27	28	29	30
31						

November

S	M	T	W	T	F	S
	1	2	3	4	5	6
7	8	9	10	11	12	13
14	15	16	17	18	19	20
21	22	23	24	25	26	27
28	29	30				

December

S	M	T	W	T	F	S
			1	2	3	4
5	6	7	8	9	10	11
12	13	14	15	16	17	18
19	20	21	22	23	24	25
26	27	28	29	30	31	

Holidays *Celebrations*

January 1st	New Year's dayt
January 16th	Martin Luther King Jr. Day
January 24th	Belly lough day
February 2nd	Groundhog Day
February 12th	Lincoln's Birthday
February 14th	Valentine's Day
February 20th	Presidents' Day
March 8th	International Women's Day
March 17th	St. Patrick's Day
April 1st	April Fool's Day
April 7th	Good Friday
April 9th	Easter
April 10th	Easter Monday
April 22nd	Earth Day
April 22nd	Eid al-Fitr
May 5th	Cinco de Mayo
May 14th	Mother's Day
May 28th	Pentecost
May 29th	Pentecost Monday
May 29th	Memorial day
June 14th	Flag Day
June 18th	Father's day
July 4th	Independence Day
July 23rd	Parent's Day
September 4th	Labor Day

Holidays *Celebrations*

September 10th	Grandparents Day
September 16th	Stepfamily Day
September 17th	Citizenship Day
September 22nd	Native American Day
October 9th	Columbus day
October 21st	Sweetest Day; Boss day
October 31st	Halloween
November 14th	Veteran's Day
November 23rd	Thanksgiving
December 24th	Christmas Eve
December 25th	Christmas
December 31st	New Year's Eve

Notes

Important Dates

January	February	March

April	May	June

July	August	September

October	November	December

Birtdays

January	February	March

April	May	June

July	August	September

October	November	December

Notes

Yearly Overview

	January	February	March	April	May	June
1						
2						
3						
4						
5						
6						
7						
8						
9						
10						
11						
12						
13						
14						
15						
16						
17						
18						
19						
22						
21						
22						
23						
24						
25						
26						
27						
28						
29						
30						
31						

2027

	July	August	September	October	November	December
1						
2						
3						
4						
5						
6						
7						
8						
9						
10						
11						
12						
13						
14						
15						
16						
17						
18						
19						
22						
21						
22						
23						
24						
25						
26						
27						
28						
29						
30						
31						

January 2027

Sunday	Monday	Tuesday	Wednesday
3	4	5	6
10	11	12	13
17	18	19	20
24	25	26	27
31			

January 2027

Thursday	Friday	Saturday
	1	2
7	8	9
14	15	16
21	22	23
28	29	30

To Do List

Notes

February

S	M	T	W	T	F	S
	1	2	3	4	5	6
7	8	9	10	11	12	13
14	15	16	17	18	19	20
21	22	23	24	25	26	27
28						

February 2027

Sunday	Monday	Tuesday	Wednesday
	1	2	3
7	8	9	10
14	15	16	17
21	22	23	24
28			

February 2027

Thursday	Friday	Saturday	To Do List
4	5	6	
11	12	13	
18	19	20	**Notes**
25	26	27	

March

S	M	T	W	T	F	S
	1	2	3	4	5	6
7	8	9	10	11	12	13
14	15	16	17	18	19	20
21	22	23	24	25	26	27
28	29	30	31			

March 2027

Sunday	Monday	Tuesday	Wednesday
	1	2	3
7	8	9	10
14	15	16	17
21	22	23	24
28	29	30	31

March 2027

Thursday	Friday	Saturday
4	5	6
11	12	13
18	19	20
25	26	27

To Do List

Notes

April

S	M	T	W	T	F	S
				1	2	3
4	5	6	7	8	9	10
11	12	13	14	15	16	17
18	19	20	21	22	23	24
25	26	27	28	29	30	

April 2027

Sunday	Monday	Tuesday	Wednesday
4	5	6	7
11	12	13	14
18	19	20	21
25	26	27	28

April 2027

Thursday	Friday	Saturday
1	2	3
8	9	10
15	16	17
22	23	24
29	30	

To Do List

Notes

May

S	M	T	W	T	F	S
						1
2	3	4	5	6	7	8
9	10	11	12	13	14	15
16	17	18	19	20	21	22
23	24	25	26	27	28	29
30	31					

May 2027

Sunday	Monday	Tuesday	Wednesday
2	3	4	5
9	10	11	12
16	17	18	19
23	24	25	26
30	31		

May 2027

Thursday	Friday	Saturday	To Do List
		1	
6	7	8	
13	14	15	**Notes**
20	21	22	
27	28		

June

S	M	T	W	T	F	S
		1	2	3	4	5
6	7	8	9	10	11	12
13	14	15	16	17	18	19
20	21	22	23	24	25	26
27	28	29	30			

June 2027

Sunday	Monday	Tuesday	Wednesday
		1	2
6	7	8	9
13	14	15	16
20	21	22	23
27	28	29	30

June 2027

Thursday	Friday	Saturday
3	4	5
10	11	12
17	18	19
24	25	26

To Do List

Notes

July

S	M	T	W	T	F	S
				1	2	3
4	5	6	7	8	9	10
11	12	13	14	15	16	17
18	19	20	21	22	23	24
25	26	27	28	29	30	31

July 2027

Sunday	Monday	Tuesday	Wednesday
4	5	6	7
11	12	13	14
18	19	20	21
25	26	27	28

July 2027

Thursday	Friday	Saturday
1	2	3
8	9	10
15	16	17
22	23	24
29	30	31

To Do List

Notes

August

S	M	T	W	T	F	S
1	2	3	4	5	6	7
8	9	10	11	12	13	14
15	16	17	18	19	20	21
22	23	24	25	26	27	28
29	30	31				

August 2027

Sunday	Monday	Tuesday	Wednesday
1	2	3	4
8	9	10	11
15	16	17	18
22	23	24	25
29	30	31	

August 2027

Thursday	Friday	Saturday
5	6	7
12	13	14
19	20	21
26	27	28

To Do List

Notes

September

S	M	T	W	T	F	S
			1	2	3	4
5	6	7	8	9	10	11
12	13	14	15	16	17	18
19	20	21	22	23	24	25
26	27	28	29	30		

September 2027

Sunday	Monday	Tuesday	Wednesday
			1
5	6	7	8
12	13	14	15
19	20	21	22
26	27	28	29

September 2027

Thursday	Friday	Saturday
2	3	4
9	10	11
16	17	18
23	24	25
30		

To Do List

Notes

October

S	M	T	W	T	F	S
					1	2
3	4	5	6	7	8	9
10	11	12	13	14	15	16
17	18	19	20	21	22	23
24	25	26	27	28	29	30
31						

October 2027

Sunday	Monday	Tuesday	Wednesday
3	4	5	6
10	11	12	13
17	18	19	20
24	25	26	27
31			

October 2027

Thursday	Friday	Saturday
	1	2
7	8	9
14	15	16
21	22	23
28	29	30

To Do List

Notes

November

S	M	T	W	T	F	S
	1	2	3	4	5	6
7	8	9	10	11	12	13
14	15	16	17	18	19	20
21	22	23	24	25	26	27
28	29	30				

November 2027

Sunday	Monday	Tuesday	Wednesday
	1	2	3
7	8	9	10
14	15	16	17
21	22	23	24
28	29	30	

November 2027

Thursday	Friday	Saturday
4	5	6
11	12	13
18	19	20
25	26	27

To Do List

Notes

December

S	M	T	W	T	F	S
			1	2	3	4
5	6	7	8	9	10	11
12	13	14	15	16	17	18
19	20	21	22	23	24	25
26	27	28	29	30	31	

December 2027

Sunday	Monday	Tuesday	Wednesday
			1
5	6	7	8
12	13	14	15
19	20	21	22
26	27	28	29

December 2027

Thursday	Friday	Saturday
2	3	4
9	10	11
16	17	18
23	24	25
30	31	

To Do List

Notes

January

S	M	T	W	T	F	S
						1
2	3	4	5	6	7	8
9	10	11	12	13	14	15
16	17	18	19	20	21	22
23	24	25	26	27	28	29
30	31					

Notes

Notes

Notes

Notes

Notes

Notes

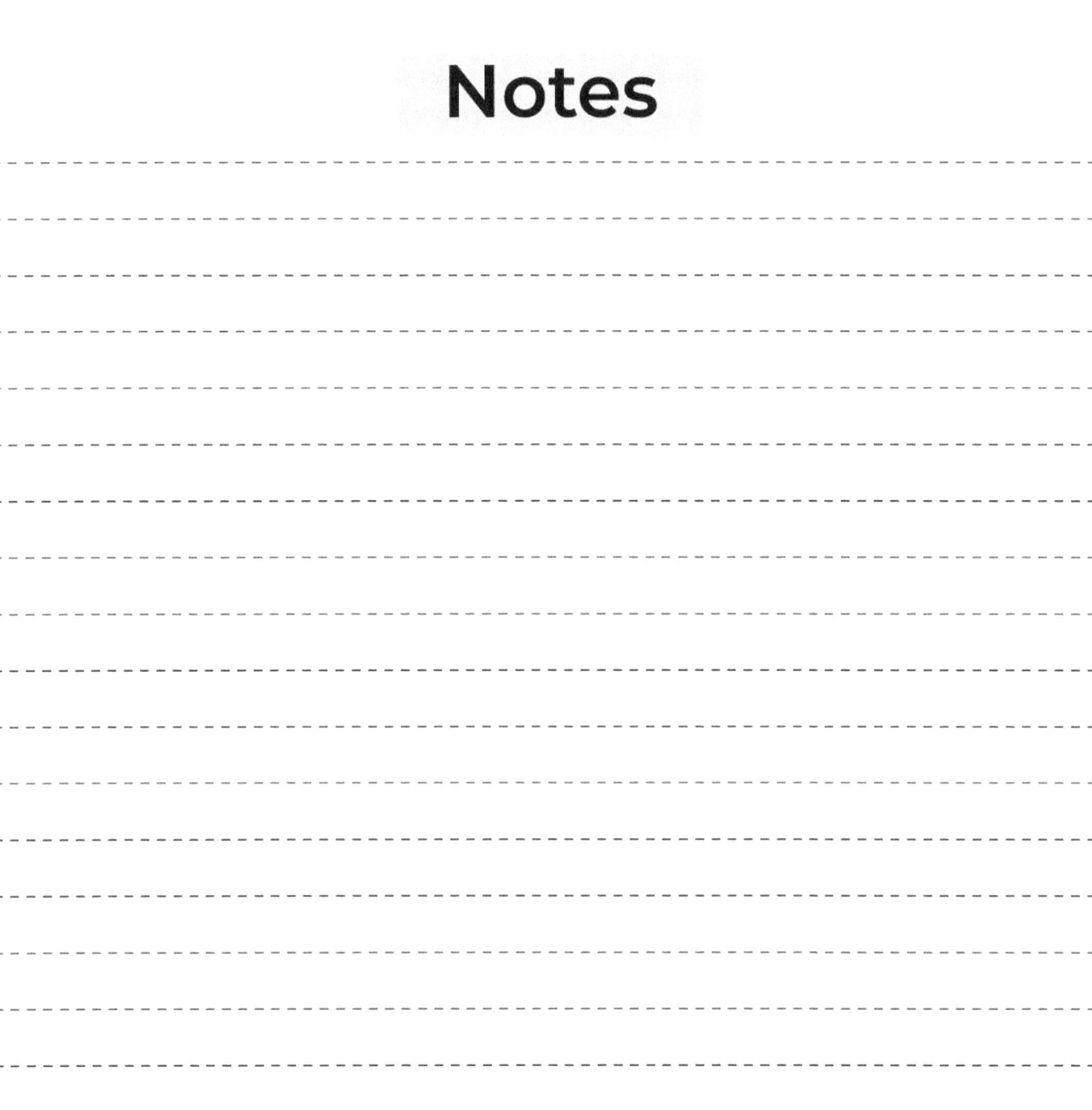

Notes

Notes

Notes

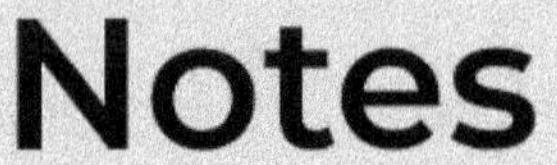

Notes

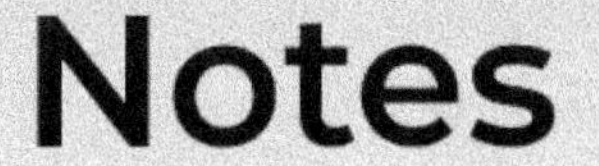

Notes

Notes